Geiriadur

pinc a glas

Gomer

Geiriadur
pinc
a
glas
Gomer

Yn cynnwys ffotograffau lliw llawn gyda phob gair

D. Geraint Lewis

Gomer

i Cynan

Cyhoeddwyd gyntaf yn 2014 gan
Wasg Gomer, Llandysul, Ceredigion, SA44 4JL
www.gomer.co.uk

Dyluniad y clawr a'r cynnwys:
Marland & Marsden, 55 Mooreland Road, Llundain, BR1 3RD

ISBN 978 1 84851 767 7

Noddwyd gan Lywodraeth Cymru.

Cyhoeddwyd dan nawdd
Cynllun Adnoddau Addysgu a Dysgu CBAC.

Argraffwyd a rhwymwyd yng Nghymru gan
Wasg Gomer, Llandysul, Ceredigion

Cynnwys

Geiriaduron Cymraeg Gomer

Teitl Title	Oedran Age	Cynnwys Contents	Amcan Objective
Geiriadur Pinc a Glas Gomer	6–7	500 o luniau. 500 o ddiffiniadau yn cynnwys: • enwau gwrywaidd a benywaidd • ansoddeiriau	Cyflwyno: • trefn yr wyddor a sgiliau cyntaf • cenedl enw drwy ddefnyddio lliw • ansoddeiriau • rhifolion
	6–7	500 images. 500 definitions, including: • masculine and feminine nouns • adjectives	To introduce: • the alphabet and first skills • noun genders, by using colour • adjectives • numbers
Geiriadur Mor, Mwy, Mwyaf Gomer	7–8	Hyd at 100 o luniau. 1,000 o ddiffiniadau yn cynnwys: • enwau (unigol a lluosog) • ansoddeiriau • rhannau ymadrodd Cymraeg	Cyflwyno: • ffurfiau lluosog enwau (hyn) • ffurfiau cwmpasog cymharu ansoddeiriau • rhifolion
	7–8	Up to 100 images. 1,000 definitions, including: • nouns (singular and plural) • adjectives • Welsh parts of speech	To introduce: • plural noun forms (hyn) • comparative adjectives • numbers

Teitl Title	Oedran Age	Cynnwys Contents	Amcan Objective
Geiriadur Gwybod y Geiriau Gomer	8–10	1,500 o ddiffiniadau yn cynnwys: • enwau • ansoddeiriau • berfenwau • rhannau ymadrodd • gair Saesneg • mynegai Saesneg	Cyflwyno: • enwau gwrywaidd (*eg*) neu fenywaidd (*eb*) • enwau lluosog (*ell*) • ffurfiau cryno cymharu ansoddeiriau ( ) • bôn y ferf (*bf*) drwy gyfrwng trydydd unigol yr Amser Gorffennol • mynegai Saesneg yn cynnwys rhan ymadrodd y gair Cymraeg • rhifolion
	8–10	1,500 definitions, including: • nouns • adjectives • verbs • phrases • English words • English appendix	To introduce: • masculine (*eg*) or feminine nouns (*eb*) • plural nouns (*ell*) • concise comparative adjectives ( ) • verbs (*bf*) by means of the third person singular, past tense • an English glossary, making it easier to find all the English meanings within the main body of the Welsh text • numbers

Sut i ddefnyddio'r geiriadur
How to use this dictionary

Mae dod o hyd i air mewn geiriadur yn hawdd os ydych chi'n gallu adrodd yr wyddor. Mae'r llythrennau ar ochr y dudalen yn dangos trefn yr wyddor Gymraeg. Mae'r wyddor Gymraeg yn wahanol i'r wyddor Saesneg am ei bod yn cynnwys llythrennau dwbl, fel 'ch' neu 'ff' neu 'll' neu 'rh'.

You will find it easy to look up a word in a dictionary if you can recite the letters of the alphabet in the right order. The letters on the side of the page show you the letters of the Welsh alphabet. The Welsh alphabet is not the same as the English alphabet as it includes double letters such as 'ch' or 'ff' or 'll' or 'rh'.

Er mwyn chwilio am y gair 'ceffyl':
In order to look up 'ceffyl':

Edrychwch am 'c' yn y rhestr o lythrennau ar ochr y dudalen.

Look for 'c' in the list of letters on the side of the page.

Bydd rhestr o eiriau sy'n dechrau gyda'r llythyren 'c' i'w gweld ar y dudalen hon, yn ogystal â diffiniad o bob gair a llun i ddangos yr ystyr yn well.

A list of words beginning with the letter 'c' can be found on this page, with a definition of the word and an image to further explain the meaning.

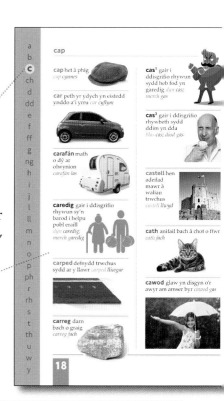

Beth yw ystyr y geiriau lliw?

Mae'r geiriadur yn cynnwys
    geiriau **pinc**
    geiriau **glas**
    geiriau **du**

Pan fydd gair **du** yn dilyn gair **glas** does dim byd yn newid
    ci drwg

Pan fydd gair **du** yn dilyn gair **pinc** mae llythyren gyntaf y gair du yn gallu newid
    cath fach

What do the coloured words mean?

In this dictionary you will find
    pink words
    blue words
    black words

When a **black** word follows a **blue** word nothing changes
    ci drwg

When a **black** word follows a **pink** word the first letter of the black word may change
    cath fach

Wedyn chwiliwch am y geiriau yn dechrau â 'ce-'.

Then look for words beginning with 'ce-'.

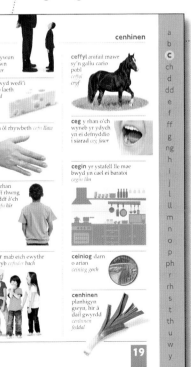

Ar ôl dod o hyd i'r geiriau yn dechrau â 'ce-' edrychwch am y geiriau yn dechrau â 'ceff-'.

After finding words beginning with 'ce-' look for words beginning with 'ceff-'.

Bydd geiriau sy'n dechrau gyda'r llythyren 'c' i'w gweld ar y dudalen hon, yn ogystal â diffiniad o bob gair a llun i ddangos yr ystyr yn well.

Words beginning with the letter 'c' can be found on this page, with a definition of the word and an image to further explain the meaning.

a

aderyn anifail ag adenydd, plu a phig
aderyn bach

afal ffrwyth crwn, caled
afal coch

afon llif o ddŵr sy'n croesi'r tir i gyrraedd y môr *afon lydan*

agos gair i ddisgrifio rhywun neu rywbeth sydd heb fod yn bell i ffwrdd
tŷ agos i'r bont; coeden agos

angel un sy'n cario neges oddi wrth Dduw
angel da

anghenfil anifail mawr sy'n codi ofn mewn straeon
anghenfil cas

angor darn mawr o ddur i gadw llong yn ei lle
angor trwm

alarch aderyn mawr gwyn sy'n gallu nofio
alarch gwyn

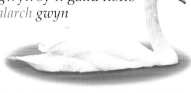

allwedd darn o fetel sy'n gallu agor a chloi clo
allwedd fach

ambiwlans fan arbennig sy'n mynd â phobl sâl i'r ysbyty
ambiwlans cyflym

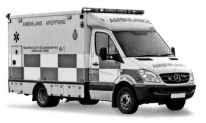

a
b
c
ch
d
dd
e
f
ff
g
ng
h
i
j
l
ll
m
n
o
p
ph
r
rh
s
t
th
u
w
y

amlen bag bach papur i ddal llythyr
amlen goch

amser mae cloc yn dweud beth yw'r amser
amser byr

anifail rhywbeth byw sy'n gallu symud o le i le
anifail gwyllt

anniben gair i ddisgrifio rhywbeth blêr, sydd dros y lle i gyd *gwallt anniben; gardd anniben*

annwyd peth sy'n gwneud i'ch trwyn redeg a gwneud i chi disian
annwyd cas

annwyl gair i ddisgrifio rhywun yr ydych yn ei hoffi
merch annwyl; bachgen annwyl

anodd gair i ddisgrifio rhywbeth sydd ddim yn hawdd
gwaith anodd; gêm anodd

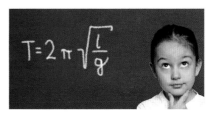

$$T = 2\pi\sqrt{\frac{l}{g}}$$

anrheg rhywbeth yr ydych yn ei roi i rywun am ddim
anrheg fach

aradr peiriant fferm sy'n troi'r tir *aradr coch*

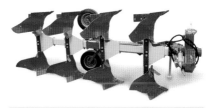

araf gair i ddisgrifio rhywun neu rywbeth sy'n cymryd mwy o amser nag arfer i wneud rhywbeth
car araf; lorri araf

11

b
c
ch
d
dd
e
f
ff
g
ng
h
i
j
l
ll
m
n
o
p
ph
r
rh
s
t
th
u
w
y

arian papurau a darnau metel i dalu am bethau *arian poced*

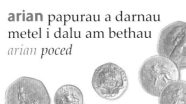

arth anifail mawr â chot flewog *arth frown*

asgwrn darn caled dan eich croen *asgwrn hir*

athrawes menyw sy'n dysgu rhywbeth i rywun *athrawes dda*

athro dyn sy'n dysgu rhywbeth i rywun *athro newydd*

aur metel melyn, disglair, gwerthfawr iawn *aur melyn*

awr yr amser mae'n ei gymryd i'r bys mawr symud o gwmpas cloc *awr dawel*

awyren peiriant ag adenydd sy'n gallu hedfan *awyren gyflym*

b

babi plentyn ifanc iawn *babi bach*

bach gair i ddisgrifio rhywbeth sydd ddim yn fawr *bachgen bach; merch fach*

bachgen plentyn cyn iddo dyfu'n ddyn *bachgen da*

bag rhywbeth sy'n dal pethau *bag papur*

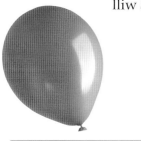

balŵn pelen ysgafn o rwber lliw *balŵn oren*

banana ffrwyth hir, melyn *banana felys*

bara bwyd sy'n gwneud brechdanau a thost *bara brown*

barcud tegan sy'n cael ei hedfan yn y gwynt *barcud papur*

basged rhywbeth i gario pethau ynddo *basged fawr*

bat darn o bren ar gyfer taro pêl *bat pren*

bath y peth yr ydych yn eistedd ynddo i ymolchi *bath cynnes*

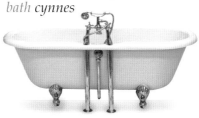

baw llwch neu fwd brwnt *baw budr*

a
b
c
ch
d
dd
e
f
ff
g
ng
h
i
j
l
ll
m
n
o
p
ph
r
rh
s
t
th
u
w
y

bawd

bawd y bys byr, tew ar ochr eich llaw *bawd de*

beic peth â dwy neu dair olwyn yr ydych yn eistedd arno i fynd o le i le *beic coch*

belt rhywbeth y gallwch ei glymu o gwmpas eich canol *belt frown*

bin drwm a chlawr iddo *bin sbwriel*

blaidd anifail gwyllt tebyg i gi mawr *blaidd cas*

blanced peth trwchus, meddal i'w roi ar wely *blanced gynnes*

blawd powdr gwyn i wneud bara a chacennau *blawd gwyn*

bloc darn o rywbeth caled *bloc pren*

blodyn planhigyn â phetalau lliw *blodyn gardd*

bocs rhywbeth i ddal pethau *bocs pren*

boch ochr eich wyneb dan y llygad
boch goch

bol: bola y man yng nghanol eich corff lle mae bwyd yn mynd
bol llawn; bola mawr

botwm darn bach crwn sy'n cau crys neu got
botwm coch

braich y rhan o'ch corff rhwng eich ysgwydd a'ch llaw *braich denau*

brân aderyn mawr, du
brân ddu

brawd dyn neu fachgen sydd â'r un rhieni â rhywun arall
brawd mawr

brecwast pryd bwyd cyntaf y dydd
brecwast poeth

brechdan bwyd blasus rhwng dau ddarn o fara
brechdan gaws

broga anifail bach â chroen llyfn, llaith sy'n gallu nofio a sboncio
broga bach

brown gair i ddisgrifio lliw pridd *gwallt brown; hosan frown*

a
b
c
ch
d
dd
e
f
ff
g
ng
h
i
j
l
ll
m
n
o
p
ph
r
rh
s
t
th
u
w
y

brwsh rhywbeth â choes a blew sy'n cael ei ddefnyddio i lanhau neu i beintio pethau *brwsh* paent

buwch anifail fferm sy'n rhoi llaeth i ni *buwch dawel*

buwch goch gota anifail bach â chorff coch neu felyn a smotiau duon drosto sy'n gallu hedfan *buwch goch gota bert*

bwced rhywbeth i gario pethau fel tywod a dŵr *bwced melyn*

bwrdd[1] peth â thop fflat a choesau *bwrdd pren*

bwrdd[2] peth fflat i ysgrifennu arno *bwrdd du*

bws peth mawr mae llawer o bobl yn gallu teithio ynddo *bws hir*

bwyd rhywbeth i'w fwyta *bwyd ffres*

byr gair i ddisgrifio rhywun neu rywbeth sydd ddim yn hir neu sydd ddim yn dal *bachgen byr; merch fer* (**ber** yw'r ffurf ar **byr** sy'n disgrifio enw benywaidd)

bys un o'r pum rhan ar flaen eich llaw *bys syth*

c

cacen bwyd blasus, meddal; teisen *cacen ben blwydd*

cadair peth yr ydych yn eistedd arno *cadair feddal*

cadno anifail gwyllt yn debyg i gi coch; llwynog *cadno coch*

cae darn o dir a chlawdd o'i gwmpas *cae fflat*

caffi rhywle y gallwch chi brynu rhywbeth i yfed a bwyta *caffi llawn*

caled gair i ddisgrifio rhywbeth sydd ddim yn feddal *gwely caled; cadair galed*

camel anifail mawr â chefn crwn uchel *camel tal*

camera rhywbeth i dynnu ffotograffau *camera bach*

cannwyll rhywbeth sy'n rhoi golau *cannwyll drwchus*

canŵ cwch hir ysgafn, yr ydych yn ei yrru â rhwyf *canŵ pren*

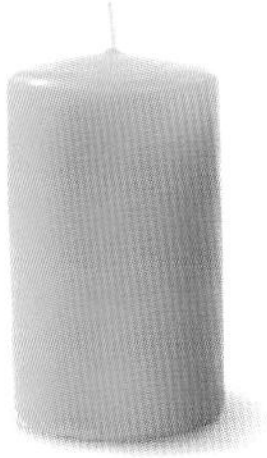

cap het â phig
cap cynnes

car peth yr ydych yn eistedd ynddo a'i yrru *car cyflym*

carafán math o dŷ ar olwynion *carafán las*

caredig gair i ddisgrifio rhywun sy'n barod i helpu pobl eraill *dyn caredig; merch garedig*

carped defnydd trwchus sydd ar y llawr *carped lliwgar*

carreg darn bach o graig *carreg fach*

cas[1] gair i ddisgrifio rhywun sydd heb fod yn garedig *dyn cas; merch gas*

cas[2] gair i ddisgrifio rhywbeth sydd ddim yn dda *blas cas; diod gas*

castell hen adeilad mawr â waliau trwchus *castell llwyd*

cath anifail bach â chot o ffwr *cath fach*

cawod glaw yn disgyn o'r awyr am amser byr *cawod gas*

cawr rhywun mawr iawn
cawr mawr

caws bwyd wedi'i wneud o laeth
caws caled

cefn[1] tu ôl rhywbeth *cefn llaw*

cefn[2] y rhan o'ch corff rhwng eich gwddf â'ch pen ôl
cefn hir

cefnder mab eich ewythr neu fodryb *cefnder bach*

ceffyl anifail mawr sy'n gallu cario pobl
ceffyl cryf

ceg y rhan o'ch wyneb yr ydych yn ei defnyddio i siarad
ceg fawr

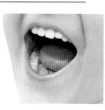

cegin yr ystafell lle mae bwyd yn cael ei baratoi
cegin lân

ceiniog darn o arian
ceiniog goch

cenhinen planhigyn gwyn, hir â dail gwyrdd
cenhinen feddal

19

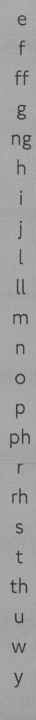

a
b
c
ch
d
dd
e
f
ff
g
ng
h
i
j
l
ll
m
n
o
p
ph
r
rh
s
t
th
u
w
y

ci

ci anifail blewog sy'n cyfarth
ci defaid

cinio prif bryd bwyd y dydd
cinio poeth

clawdd math o wal o goed
clawdd uchel

clo rhywbeth i gau drws neu focs yn dynn *clo cryf*

cloc peth sy'n dweud beth yw'r amser *cloc crwn*

cloch peth sy'n canu pan gaiff ei daro
cloch fach

clorian peth sy'n pwyso pethau
clorian lân

clown rhywun doniol mewn syrcas *clown doniol*

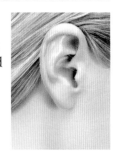

clust yr ydych yn defnyddio'ch clust i glywed
clust gynnes

clustog peth meddal i eistedd arno *clustog feddal*

clwyd math o ddrws mewn clawdd neu wal *clwyd lydan*

cneuen math o ffrwyth mewn plisgyn caled *cneuen galed*

coch gair i ddisgrifio lliw gwaed *gwaed coch; hosan goch*

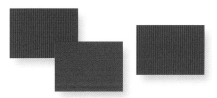

coeden planhigyn tal gyda changhennau a dail *coeden dal*

coes¹ yr ydych yn defnyddio coesau i gerdded *coes gref*

coes² un o'r darnau o dan gadair neu fwrdd *coes bren*

corff pob rhan ohonoch chi y gallwch chi ei chyffwrdd *corff ifanc*

cornel rhywle mae dwy wal neu ddwy stryd yn cwrdd *cornel ddistaw*

corryn anifail bach ag wyth coes; pryf copyn *corryn ysgafn*

cortyn darn o ddefnydd tenau i glymu pethau at ei gilydd *cortyn cryf*

a
b
c
ch
d
dd
e
f
ff
g
ng
h
i
j
l
ll
m
n
o
p
ph
r
rh
s
t
th
u
w
y

cot peth â llewys hir yr ydych yn ei wisgo dros ddillad eraill
cot gynnes

cragen peth caled sy'n gartref i'r falwoden a'r cranc
cragen fôr

craig peth caled mawr iawn sy'n rhan o'r ddaear *craig lwyd*

cranc anifail â dwy grafanc sy'n byw mewn cragen yn y môr *cranc coch*

crempog bwyd wedi ei wneud o flawd, llaeth ac wyau
crempog flasus

crib rhes o ddannedd plastig neu fetel i gribo'ch gwallt
crib ysgafn

crocodeil anifail mawr gyda chorff hir a dannedd miniog sy'n byw mewn afon
crocodeil cas

croes siâp **+** neu **x** *croes goch*

crud gwely babi *crud hardd*

crwban anifail sy'n byw mewn cragen fawr ac sy'n symud yn araf *crwban twt*

cryf¹ gair i ddisgrifio rhywun â llawer o nerth *dyn cryf; gwraig gref* (**cref** yw'r ffurf ar **cryf** sy'n disgrifio enw benywaidd ac yn treiglo'n **gref**)

cryf² gair i ddisgrifio rhywbeth sydd ddim yn torri'n rhwydd *cortyn cryf; rhaff gref*

crys darn o ddillad sy'n cael ei wisgo am ran uchaf y corff *crys cynnes*

cwch peth sy'n gallu teithio ar wyneb y dŵr *cwch pren*

cwmwl peth gwyn, llwyd neu ddu yr ydych yn ei weld yn uchel yn yr awyr *cwmwl gwyn*

cwningen anifail bach â chot o ffwr a chlustiau hir sy'n byw mewn twll yn y ddaear *cwningen lwyd*

cwpan peth yr ydych yn yfed allan ohono *cwpan te*

cwpwrdd darn o ddodrefn i gadw pethau *cwpwrdd gwag*

cwstard bwyd gwlyb, melyn, melys *cwstard poeth*

cwt¹ cynffon *cwt hir*

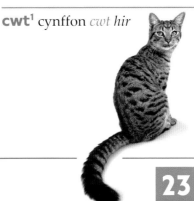

a
b
c
ch
d
dd
e
f
ff
g
ng
h
i
j
l
ll
m
n
o
p
ph
r
rh
s
t
th
u
w
y

cwt² lle i gadw ci, moch neu ieir
cwt pren

cwt³ dolur i'r croen sy'n achosi gwaedu
cwt cas

cyflym gair i ddisgrifio gwneud rhywbeth mewn ychydig iawn o amser
rhedwr cyflym; roced gyflym

cyfnither merch eich ewythr neu fodryb *cyfnither fach*

cyfrifiadur peth â sgrin sy'n gallu eich helpu gyda gwaith
cyfrifiadur bach

cylch siâp olwyn neu geiniog
cylch bach

cyllell peth siarp ar gyfer torri pethau
cyllell fara

cynnes gair i ddisgrifio rhywbeth sydd heb fod yn rhy dwym
dŵr cynnes; blanced gynnes

cyntaf gair i ddisgrifio rhywun neu rywbeth sydd o flaen unrhyw un neu unrhyw beth arall *car cyntaf; gwobr gyntaf*

cyw aderyn ifanc
cyw bach

a
b
c
ch
d
dd
e
f
ff
g
ng
h
i
j
l
ll
m
n
o
p
ph
r
rh
s
t
th
u
w
y

ch

chwaer merch neu fenyw sydd â'r un fam a thad â rhywun arall *chwaer fach*

chwiban peth sy'n gwneud sŵn uchel pan fyddwch yn ei chwythu *chwiban ysgafn*

chwyrligwgan tegan; top troi *chwyrligwgan pert*

chwyddwydr peth gwydr sy'n gwneud i bethau edrych yn fwy *chwyddwydr cryf*

d

da gair i ddisgrifio rhywbeth mae pobl yn ei hoffi *llyfr da; ffair dda*

daear[1] enw'r blaned yr ydym ni i gyd yn byw arni *Y Ddaear fawr*

daear[2] y pridd y mae blodau a llysiau yn tyfu ynddo *daear wlyb*

dafad anifail fferm sy'n cael ei gadw i gael gwlân a chig *dafad ddu*

dant un o'r darnau gwyn caled yn eich ceg *dant drwg*

deilen peth bach gwyrdd sy'n tyfu ar goed a phlanhigion eraill *deilen fach*

a b c ch **d** dd e f ff g ng h i j l ll m n o p ph r rh s t th u w y

deintydd rhywun sy'n gofalu am eich dannedd *deintydd da*

doctor rhywun sy'n gwella pobl; meddyg *doctor caredig*

desg bwrdd i eistedd wrtho ac ysgrifennu *desg bren*

dol: doli tegan sy'n edrych fel person *dol feddal; doli feddal*

dinosor anifail mawr iawn sydd wedi diflannu i gyd erbyn hyn *dinosor trwm*

doniol gair i ddisgrifio rhywbeth sy'n gwneud i chi chwerthin *clown doniol; merch ddoniol*

diod peth i'w yfed *diod felys*

draenog anifail bach â chot o nodwyddau dros ei gorff *draenog pigog*

distaw gair i ddisgrifio rhywun neu rywbeth sydd ddim yn gwneud sŵn *plentyn distaw; noson ddistaw*

draig anifail mewn stori sy'n gallu hedfan a chwythu tân *draig goch*

a
b
c
ch
d
dd
e
f
ff
g
ng
h
i
j
l
ll
m
n
o
p
ph
r
rh
s
t
th
u
w
y

drwg gair i ddisgrifio rhywun neu rywbeth sydd ddim yn dda
gwynt drwg; merch ddrwg

drws rhywbeth sy'n agor a chau y ffordd i mewn i rywle neu rywbeth
drws glas

drych darn o wydr yr ydych yn gallu gweld eich hun ynddo
drych bach

du gair i ddisgrifio lliw'r awyr ar noson dywyll *paent du; cath ddu*

dŵr y peth gwlyb sydd mewn afonydd ac yn y môr ac sy'n disgyn fel glaw *dŵr glân*

dyn bachgen ar ôl iddo dyfu'n fawr
dyn tal

dd

Edrychwch am unrhyw air yn dechrau â 'dd' dan 'd'

e

ebol ceffyl ifanc
ebol pert

eglwys lle mae pobl yn mynd i addoli Duw
eglwys fawr

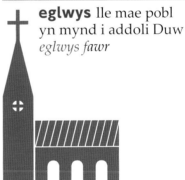

eira plu bach gwyn, ysgafn sy'n disgyn pan fydd y tywydd yn oer iawn
eira glân

27

a
b
c
ch
d
dd
e
f
ff
g
ng
h
i
j
l
ll
m
n
o
p
ph
r
rh
s
t
th
u
w
y

eisteddfod rhywle lle mae pobl yn cystadlu ar ganu ac ar lefaru *eisteddfod fawr*

eliffant anifail mawr llwyd â thrwyn hir (trwnc) *eliffant cryf*

enfys pont o liwiau gwahanol pan fydd yr haul yn disgleirio drwy'r glaw *enfys liwgar*

esgid peth i wisgo am eich troed i allu cerdded yn gyfforddus *esgid las*

ewythr brawd eich mam neu eich tad *ewythr caredig*

f

fan math o lorri fach a tho drosti i gario pethau *fan fawr*

ficer y dyn neu'r fenyw sy'n gweithio mewn eglwys *ficer caredig*

ff

ffair lle yn yr awyr agored gyda stondinau a phethau i gael reid arnyn nhw *ffair fawr*

ffatri rhywle lle mae pobl yn defnyddio peiriannau i wneud pethau *ffatri geir*

ffedog peth i chi wisgo i gadw'r dillad oddi tano yn lân *ffedog lân*

ffôn peth sy'n gadael i chi siarad â rhywun o bell *ffôn bach*

ffenestr darn o wydr mewn wal i adael golau drwyddo *ffenestr lân*

fforc peth a darnau miniog ar ei flaen sy'n cael ei ddefnyddio i godi bwyd i'ch ceg *fforc fwyd*

ffens math o wal wedi ei gwneud o bren neu o weiren *ffens bren*

ffrog peth mae merch yn gwisgo *ffrog liwgar*

fferm rhywle sy'n magu anifeiliaid ac yn tyfu bwyd *fferm fawr*

ffrwyth rhan o blanhigyn lle mae'r hadau *ffrwyth meddal*

ffilm lluniau sy'n symud ac sy'n adrodd stori *ffilm ddoniol*

ffwrn rhywle y mae bwyd yn cael ei dwymo neu'i goginio *ffwrn boeth*

a
b
c
ch
d
dd
e
f
ff
g
ng
h
i
j
l
ll
m
n
o
p
ph
r
rh
s
t
th
u
w
y

g

gaeaf tymor oeraf y flwyddyn
gaeaf caled

gafr anifail fferm sy'n rhoi llaeth
gafr ddrwg

gardd darn o dir i dyfu pethau
gardd flodau

garej¹ cartref car neu fws
garej fach

garej² rhywle sy'n gwerthu petrol ac yn trwsio ceir
garej brysur

gât math o ddrws mewn clawdd neu mewn wal
gât bren

gêm rhywbeth yr ydych yn ei chwarae
gêm fwrdd

glân gair i ddisgrifio rhywun neu rywbeth sydd ddim yn frwnt na budr *cwpan glân; esgid lân*

glan y môr rhywle yn ymyl y môr *glan y môr hardd*

glas gair i ddisgrifio lliw yr awyr ar ddiwrnod braf
car glas; awyr las

glaw dŵr sy'n disgyn o'r awyr
glaw trwm

glo math o garreg ddu sy'n cael ei llosgi i greu gwres
glo caled

glud peth i sticio pethau wrth ei gilydd *glud gwlyb*

gofodwr rhywun sy'n teithio mewn roced
gofodwr tal

golau¹ y peth sy'n gadael i chi weld pethau *golau cryf*

golau² gair i ddisgrifio rhywbeth sydd ddim yn dywyll
gwallt golau; ffrog olau

gorila mwnci mawr cryf â breichiau hir
gorila mawr

gorsaf¹ rhywle i ddal trên neu fws *gorsaf lawn*

gorsaf² cartref plismyn neu ddynion tân *gorsaf heddlu; gorsaf dân*

gwaed y peth coch sy'n llifo drwy eich corff *gwaed coch*

a
b
c
ch
d
dd
e
f
ff
g
ng
h
i
j
l
ll
m
n
o
p
ph
r
rh
s
t
th
u
w
y

gwag gair i ddisgrifio rhywbeth heb ddim byd ynddo neu arno
tŷ gwag; ystafell wag

gwair[1] y peth gwyrdd sy'n tyfu mewn cae neu lawnt *gwair hir*

gwair[2] porfa sych sy'n fwyd i anifeiliaid *gwair melyn*

gwallt y peth meddal sy'n tyfu ar ben person *gwallt du*

gwan gair i ddisgrifio rhywun neu rywbeth sydd ddim yn gryf *dyn gwan; coes wan*

gwanwyn tymor sy'n dilyn y gaeaf pan fydd y tywydd yn dechrau cynhesu *gwanwyn cynnar*

gwddf y rhan o'r corff sy'n dal y pen yn ei le *gwddf byr*

gwefus y croen coch o gwmpas eich ceg *gwefus goch*

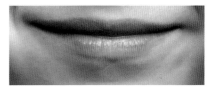

gwely[1] peth i gysgu arno *gwely meddal*

gwely[2] gwaelod afon neu'r môr *gwely llydan*

a b c ch d dd e f ff **g** ng h i j l ll m n o p ph r rh s t th u w y

gwên siâp eich gwefusau sy'n dangos eich bod yn hapus *gwên lydan*

gwenynen anifail bach sy'n hedfan ac yn gwneud mêl *gwenynen wyllt*

gwisg nofio y peth yr ydych yn gwisgo i nofio *gwisg nofio binc*

gwiwer anifail bach â chynffon drwchus, hir sy'n byw mewn coed *gwiwer lwyd*

gwlyb¹ gair i ddisgrifio rhywun neu rywbeth sydd ddim yn sych *paent gwlyb; hosan wlyb*

gwlyb² gair i ddisgrifio tywydd, pan mae'n bwrw glaw *bore gwlyb; noson wlyb*

gwn peth i saethu bwledi drwy diwb; dryll *gwn hir*

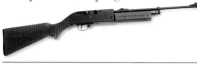

gŵn nos peth y mae merch yn ei wisgo yn y gwely *gŵn nos byr*

gŵr¹ dyn *gŵr caredig*

gŵr² dyn wedi priodi *gŵr priod*

gwrach

gwrach gwraig sy'n defnyddio hud a lledrith
gwrach gas

gwraig¹ menyw *gwraig hapus*

gwraig² menyw wedi priodi
gwraig briod

gwydr rhywbeth caled yr ydych yn gallu gweld trwyddo
gwydr glân

gwylan aderyn mawr gwyn sy'n byw ar lan y môr fel arfer
gwylan gas

gwyn gair i ddisgrifio lliw eira
papur gwyn; ffrog wen

gwynt aer yn symud yn gyflym
gwynt cryf

gwyrdd gair i ddisgrifio lliw porfa *drws gwyrdd; ffrog werdd*

gyrrwr rhywun sy'n gyrru car, bws, trên neu lorri
gyrrwr da

ng

Edrychwch am unrhyw air yn dechrau ag 'ng' dan 'g'

34

h

haf tymor o'r flwyddyn pan fydd y tywydd yn fwyaf poeth *haf cynnes*

halen powdr gwyn sy'n rhoi blas ar fwyd *halen gwyn*

hapus gair i ddisgrifio rhywun llawen *bachgen hapus; merch hapus*

hardd gair i ddisgrifio rhywun neu rywbeth pert *blodyn hardd; ffrog hardd*

haul yr Haul sy'n rhoi golau a gwres i'r Ddaear *haul poeth*

hen¹ gair i ddisgrifio rhywun neu rywbeth sydd ddim yn ifanc *hen dŷ; hen neuadd*

hen² gair i ddisgrifio rhywun yr ydych yn ei adnabod ers amser *hen ffrind; hen fodryb*

het peth i chi wisgo ar eich pen *het wen*

hir¹ gair i ddisgrifio rhywbeth sy'n bell o un pen i'r llall *trên hir; rhes hir*

hir² gair i ddisgrifio rhywbeth sy'n cymryd llawer o amser *gaeaf hir; noson hir*

a
b
c
ch
d
dd
e
f
ff
g
ng
h
i
j
l
ll
m
n
o
p
ph
r
rh
s
t
th
u
w
y

hoelen darn o fetel â blaen miniog i ddal darnau o bren yn dynn yn ei gilydd *hoelen fach*

hofrennydd peiriant hedfan sy'n gallu codi'n syth a hofran heb symud *hofrennydd coch*

hosan peth i chi wisgo am eich troed a'ch coes *hosan binc*

hufen iâ bwyd oer, melys wedi'i wneud o laeth *hufen iâ oer*

hwyaden aderyn â phig llydan sy'n gallu nofio *hwyaden liwgar*

hydref tymor y flwyddyn pan fydd y coed yn colli eu dail *hydref braf*

hyll gair i ddisgrifio rhywun neu rywbeth sydd ddim yn hardd *ci hyll; het hyll*

i

iâr yr aderyn sy'n dodwy'r wyau yr ydym yn eu bwyta *iâr frown*

iâr fach yr haf anifail bach ag adenydd lliw; pili-pala *iâr fach yr haf bert*

iard darn o dir a wal o'i amgylch *iard galed*

ifanc gair i ddisgrifio rhywun neu rywbeth sydd ddim yn hen *bachgen ifanc; coeden ifanc*

iglw tŷ crwn wedi'i wneud o eira caled *iglw bach*

injan dân math o lorri i gario dynion tân *injan dân goch*

iogwrt bwyd meddal wedi'i wneud o laeth *iogwrt melys*

j

jac codi baw peiriant cryf sy'n codi pridd a cherrig *jac codi baw melyn*

jam bwyd melys, tew wedi'i wneud o ffrwythau a siwgr *jam coch*

jeli bwyd melys, llithrig sy'n sgleinio ac yn crynu wrth gael ei symud *jeli melyn*

jigso darnau bach o bren neu gardfwrdd sy'n ffitio yn ei gilydd i wneud llun *jigso pren*

jiráff anifail tal â gwddf hir iawn sy'n byw yn Affrica *jiráff tal*

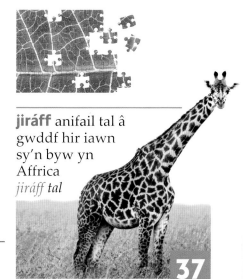

a b c ch d dd e f ff g ng h i j l ll m n o p ph r rh s t th u w y

l

lamp peth sy'n rhoi golau *lamp goch*

lastig defnydd sy'n gallu cael ei dynnu i'w wneud yn hirach ac yna ei adael i fynd yn ôl i'w faint arferol *lastig meddal*

lawnt rhan o ardd lle mae porfa yn tyfu *lawnt lydan*

lein ddillad rhywbeth sy'n dal dillad iddyn nhw gael sychu *lein ddillad hir*

lemwn ffrwyth melyn golau â blas sur *lemwn melyn*

lili ddŵr blodyn mawr, hardd sy'n tyfu mewn dŵr *lili ddŵr binc*

lili wen fach blodyn bach gwyn sy'n tyfu ym mis Ionawr a mis Chwefror *lili wen fach bert*

lorri cerbyd mawr sy'n cario pethau trwm o un lle i'r llall *lorri lawn*

ll

llaeth diod wen sy'n dod o fuwch; llefrith *llaeth gwyn*

llaw rhan o'r corff sy'n gallu dal neu afael mewn pethau *llaw fach*

llawn gair i ddisgrifio rhywbeth sy'n dal cymaint ag sy'n bosibl *bocs llawn; neuadd lawn*

llawr rhan o ystafell y mae pobl yn cerdded arni *llawr pren*

llefrith diod wen sy'n dod o fuwch; llaeth *llefrith oer*

llethr sgio rhiw serth i sgio arni *llethr sgio hir*

lleuad y golau mawr, melyn sydd yn yr awyr yn y nos *lleuad lawn*

llew cath fawr, wyllt, o liw melyn *llew tew*

llif peth â dannedd miniog i dorri pethau caled *llif fawr*

llithren peth llyfn a serth i eistedd a llithro i lawr arno *llithren ddŵr*

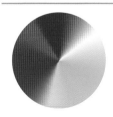

lliw mae coch, glas a gwyrdd yn lliwiau *lliw hardd*

lliwgar gair i ddisgrifio rhywbeth sy'n llawn lliw *aderyn lliwgar; maneg liwgar*

a
b
c
ch
d
dd
e
f
ff
g
ng
h
i
j
l
ll
m
n
o
p
ph
r
rh
s
t
th
u
w
y

llofft¹ y rhan uchaf o'r tŷ, sydd ar ben y grisiau
llofft lân

llofft² ystafell wely
llofft liwgar

llong cwch mawr sy'n cludo pobl neu bethau ar y môr
llong fawr

llun darlun pensil, paent neu un wedi ei dynnu gan gamera
llun lliwgar

llwy y peth yr ydych yn ei ddefnyddio i fwyta pwdin, neu i droi eich te
llwy fach

llwybr ffordd fach gul
llwybr gwlyb

llwyd gair i ddisgrifio lliw'r awyr ar ddiwrnod cymylog
crys llwyd; afon lwyd

llwyn coeden fach isel
llwyn gwyrdd

llwynog anifail gwyllt sy'n debyg i gi coch; cadno
llwynog coch

llydan gair i ddisgrifio rhywbeth lle mae un ochr yn bell o'r ochr arall *cae llydan; gwên lydan*

llyfr rhywbeth i chi ei ddarllen neu ysgrifennu ynddo *llyfr da*

llygad rhan o'r corff yr ydych yn defnyddio i weld *llygad glas*

llygad y dydd blodyn bach â phetalau gwyn neu binc *llygad y dydd tlws*

llygoden anifail bach â chot o flew byr a chynffon *llygoden frown*

llyn pwll mawr iawn o ddŵr *llyn oer*

llythyr neges sy'n cael ei hysgrifennu a'i hanfon at rywun *llythyr byr*

m

mab person sy'n fachgen i fam a thad *mab ifanc*

maes¹ gair arall am gae *maes llydan*

maes² cae chwarae *maes rygbi*

malwoden anifail bach sy'n byw mewn cragen ac yn symud yn araf *malwoden ddŵr*

a
b
c
ch
d
dd
e
f
ff
g
ng
h
i
j
l
ll
m
n
o
p
ph
r
rh
s
t
th
u
w
y

mam

mam menyw neu wraig sydd â phlant

mam garedig

mam-gu mam eich tad neu eich mam; nain
mam-gu ddoniol

maneg peth yr ydych yn ei wisgo am eich llaw gyda lle i bob bys

maneg gynnes

mat rhywbeth ar y llawr i gerdded arno *mat gwyrdd*

matsien peth sy'n cynnau'n fflam
matsien bren

mawr gair i ddisgrifio rhywun neu rywbeth sy'n fwy o faint nag arfer

bachgen mawr; pêl fawr

meddal gair i ddisgrifio rhywbeth sydd ddim yn galed
gwely meddal; clustog feddal

meddyg rhywun sy'n gwella pobl; doctor *meddyg da*

mêl bwyd melys, tew, sy'n cael ei wneud gan wenyn

mêl melys

melyn gair i ddisgrifio lliw lemwn *car melyn*

melys gair i ddisgrifio rhywbeth sydd â blas siwgr neu fêl *te melys; cacen felys*

mellten golau sy'n fflachio yn yr awyr yn ystod storm *mellten las*

menyn bwyd melyn wedi'i wneud o laeth neu lefrith sy'n cael ei roi ar fara *menyn meddal*

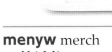

menyw merch ar ôl iddi dyfu'n fawr *menyw dal*

merch[1] person ifanc sy'n fenyw *merch fach*

merch[2] person sy'n blentyn benyw i fam a thad *merch Mari*

mochyn anifail fferm â choesau byr ac sy'n rhochian *mochyn tew*

modrwy cylch o fetel sy'n ffitio ar eich bys *modrwy briodas*

modryb chwaer eich mam neu eich tad *modryb garedig*

moddion peth i'w lyncu i'ch gwella pan fyddwch chi'n sâl *moddion melys*

43

a
b
c
ch
d
dd
e
f
ff
g
ng
h
i
j
l
ll
m
n
o
p
ph
r
rh
s
t
th
u
w
y

môr y dŵr sy'n llifo at y traeth *môr glas*

morfil yr anifail mwyaf sy'n byw yn y môr *morfil mawr*

mwd pridd gwlyb *mwd tew*

mwg y cwmwl sy'n codi o rywbeth sy'n llosgi *mwg du*

mwnci anifail â chot o flew, breichiau hir a chynffon *mwnci brown*

mwydyn anifail bach, hir, tenau sy'n byw mewn pridd *mwydyn pinc*

mynydd darn o dir uchel iawn *mynydd mawr*

n

Nadolig Rhagfyr 25, diwrnod dathlu geni Iesu Grist *Nadolig llawen*

nai mab brawd neu chwaer eich mam neu eich tad *nai bach*

nain mam eich tad neu eich mam; mam-gu *nain denau*

neidr anifail â chorff hir a dim coesau na breichiau *neidr liwgar*

neuadd ystafell fawr iawn neu adeilad mawr iawn *neuadd fawr*

newydd¹ gair i ddisgrifio rhywbeth sydd heb gael ei ddefnyddio o'r blaen *beic newydd; esgid newydd*

newydd² gair i ddisgrifio rhywun neu rywbeth sy'n wahanol *tŷ newydd; ysgol newydd*

nith merch brawd neu chwaer eich mam neu eich tad *nith fach*

niwl awyr sy'n edrych fel mwg ac sy'n anodd gweld trwyddo *niwl tew*

nos yr amser pryd y mae hi'n dywyll *nos Fawrth*

nyth cartref aderyn *nyth fach*

octopws anifail ag wyth braich sy'n byw yn y môr *octopws hir*

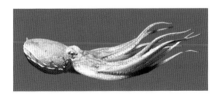

oen dafad ifanc *oen bach*

a
b
c
ch
d
dd
e
f
ff
g
ng
h
i
j
l
ll
m
n
o
p
ph
r
rh
s
t
th
u
w
y

oer gair i ddisgrifio rhywun neu rywbeth sydd ddim yn gynnes *bwyd oer; merch oer*

olwyn cylch â darn yn ei ganol sy'n troi *olwyn lwyd*

oren[1] ffrwyth crwn, melys â chroen tew *oren melys*

oren[2] lliw y ffrwyth *papur oren; wal oren*

organ offeryn cerdd mawr sy'n cael ei chwarae fel piano *organ goch*

p

pabell ystafell o ddefnydd sy'n gallu cael ei symud *pabell fach*

paent peth gwlyb sy'n rhoi lliw i bethau *paent lliwgar*

pafin llwybr wrth ochr heol i bobl gerdded arno; palmant *pafin llydan*

palas tŷ hardd, mawr iawn *palas pinc*

panda anifail sy'n edrych yn debyg i arth fawr ddu a gwyn *panda du a gwyn*

a
b
c
ch
d
dd
e
f
ff
g
ng
h
i
j
l
ll
m
n
o
p
ph
r
rh
s
t
th
u
w
y

papur defnydd tenau i ysgrifennu arno, i wneud llyfrau a phapurau newydd neu i lapio pethau ynddo *papur gwyn*

---

parc gardd fawr i bobl gerdded a chwarae ynddi *parc mawr*

---

parsel rhywbeth wedi'i lapio i gael ei gario neu ei bostio *parsel trwm*

parti llawer o bobl yn cael hwyl a sbri yn dathlu gyda'i gilydd *parti pen blwydd*

---

past dannedd sebon arbennig i lanhau dannedd *past dannedd melys*

peiriant math o injan sy'n helpu pobl gyda'u gwaith *peiriant golchi*

pêl mewn gêmau, y peth crwn yr ydych yn ei daro, ei gicio neu'i daflu *pêl las*

---

pêl-droed enw'r gêm i ddau dîm o chwaraewyr sy'n cicio pêl gron ac yn ceisio sgorio goliau *gêm bêl-droed gyffrous*

---

pen¹ y rhan o'r corff lle mae eich llygaid, eich ceg a'ch trwyn *pen caled*

---

pen² rhan uchaf rhywbeth *pen mynydd*

a b c ch d dd e f ff g ng h i j l ll m n o **p** ph r rh s t th u w y

pen blwydd diwrnod dathlu eich geni *pen blwydd hapus*

pen-glin y man yng nghanol eich coes lle mae'n plygu *pen-glin cryf*

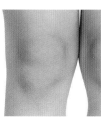

pengwin aderyn y môr du a gwyn sydd ddim yn gallu hedfan *pengwin pert*

pensil peth heb inc ar gyfer ysgrifennu neu dynnu llun *pensil glas*

pert gair i ddisgrifio rhywun neu rywbeth sy'n braf iawn i edrych arno *llun pert; coeden bert*

piano peth mawr â rhes o nodau du a gwyn yr ydych yn eu chwarae â'ch bysedd *piano trwm*

piben y peth y mae dŵr a phethau eraill yn llifo trwyddo *piben ddŵr*

pig y darn caled o gwmpas ceg aderyn *pig cryf*

pinc gair i ddisgrifio lliw coch golau *hufen iâ pinc; coes binc*

plât peth gwastad i fwyta bwyd oddi arno *plât glân*

a b c ch d dd e f ff g ng h i j l ll m n o **p** ph r rh s t th u w y

plentyn[1] bachgen neu ferch ifanc
plentyn bach

plentyn[2] mab neu ferch i fam a thad
plentyn cyntaf

plisgyn y croen caled o gwmpas rhai pethau
plisgyn pys

plismon dyn sy'n un o'r heddlu; heddwas
plismon caredig

plismones menyw neu wraig sy'n un o'r heddlu
plismones gyflym

pluen[1] darn ysgafn, fflat, côt aderyn *pluen bert*

pluen[2] un smotyn o eira
pluen eira

poeth gair i ddisgrifio rhywbeth cynnes iawn
bwyd poeth; diod boeth

polyn coes syth, hir, crwn, tal o bren *polyn tal*

49

a
b
c
ch
d
dd
e
f
ff
g
ng
h
i
j
l
ll
m
n
o
p
ph
r
rh
s
t
th
u
w
y

pont peth sy'n croesi dros afon, cwm, rheilffordd neu heol i'r ochr arall *pont dal*

porfa y peth gwyrdd sy'n tyfu mewn cae y mae defaid a gwartheg yn ei fwyta *porfa las*

postmon rhywun sy'n casglu ac yn dod â llythyrau a pharseli *postmon ifanc*

potel peth gwydr neu blastig â gwddf cul sy'n dal dŵr a phethau eraill *potel laeth*

porffor lliw sy'n cael ei wneud trwy gymysgu coch a glas *car porffor; hosan borffor*

pren peth mae coeden wedi'i gwneud ohono *pren caled*

pren mesur darn o bren, plastig neu fetel i fesur a thynnu llinellau syth *pren mesur hir*

priodas yr amser y mae gŵr a gwraig yn priodi *priodas dda*

pryf copyn anifail bach ag wyth coes; corryn *pryf copyn bach*

prynhawn yr amser o ganol dydd tan tua chwech o'r gloch y nos *prynhawn braf*

a
b
c
ch
d
dd
e
f
ff
g
ng
h
i
j
l
ll
m
n
o
p
ph
r
rh
s
t
th
u
w
y

pwll rhywle lle mae dŵr wedi casglu *pwll nofio*

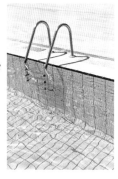

pyped¹ dol yr ydych yn tynnu cortyn i symud ei choesau a'i breichiau *pyped pren*

pyped² tegan i wisgo am eich llaw a'i symud â'ch bysedd *pyped llaw*

pysgodyn anifail sy'n byw drwy'r amser dan y dŵr *pysgodyn mawr*

ph

Edrychwch am unrhyw air yn dechrau ag 'ph' dan 'p'

r

ras cystadleuaeth i weld pwy neu beth yw'r mwyaf cyflym neu'r gorau *ras gyflym*

reis bwyd sy'n hadau gwyn, caled *reis gwyn*

robin goch aderyn bach â chefn brown a blaen ei gorff yn goch *robin goch hardd*

roced¹ tân gwyllt sy'n cael ei saethu i'r awyr *roced fawr*

roced² peth sy'n cael ei saethu i'r awyr; llong ofod *roced goch*

a b c ch d dd e f ff g ng h i j l ll m n o p ph **r** rh s t th u w y

rygbi gêm i ddau dîm o chwaraewyr sy'n defnyddio pêl hirgron i geisio sgorio pwyntiau *rygbi Cymru*

rysáit rhestr o'r pethau sydd eu hangen i wneud rhywbeth i'w fwyta *rysáit flasus*

rh

rhaff cortyn cryf *rhaff dew*

rhaw peth â blaen llydan a choes i godi pridd, cerrig a thywod *rhaw fawr*

rheilffordd llwybr metel ar gyfer trenau *rheilffordd lydan*

rhew dŵr sydd mor oer mae wedi troi'n iâ *rhew caled*

rhewgell math o gwpwrdd sy'n rhewi bwyd *rhewgell fawr*

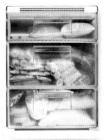

rhosyn blodyn pert ag arogl hyfryd a choesyn pigog *rhosyn coch*

rhuban darn hir, cul o ddefnydd *rhuban pert*

rhwyd defnydd a llawer iawn o dyllau ynddo *rhwyd denau*

a
b
c
ch
d
dd
e
f
ff
g
ng
h
i
j
l
ll
m
n
o
p
ph
r
rh
s
t
th
u
w
y

rhwydd gair i ddisgrifio rhywbeth sydd ddim yn anodd ei wneud neu ei ddeall *llyfr rhwydd; gêm rwydd*

rhyfedd gair i ddisgrifio rhywbeth sy'n wahanol iawn i beth yr ydych chi'n arfer ei weld *sbwng rhyfedd; stori ryfedd*

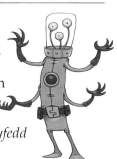

S

sach bag mawr, cryf *sach bapur*

salad bwyd sy'n cynnwys pethau oer neu bethau heb eu coginio *salad gwyrdd*

sbectol peth sy'n helpu eich llygaid i weld pethau'n well *sbectol liwgar*

sbwng peth trwchus, meddal sy'n dda am gadw dŵr *sbwng ysgafn*

sbwriel pob math o bethau sydd ddim eu hangen arnoch *sbwriel gardd*

sebon y peth yr ydych yn ei ddefnyddio gyda dŵr i ymolchi *sebon pinc*

sebra anifail sy'n debyg i geffyl a streipiau du a gwyn drosto *sebra du a gwyn*

a
b
c
ch
d
dd
e
f
ff
g
ng
h
i
j
l
ll
m
n
o
p
ph
r
rh
s
t
th
u
w
y

seren¹ un o'r goleuadau bach, disglair y gallwch eu gweld yn yr awyr yn y nos *seren fach*

seren² canwr neu actor enwog iawn *seren fawr*

sgarff peth hir, cul yr ydych yn ei wisgo am y gwddf a'r pen *sgarff gynnes*

sgert peth y mae merch neu wraig yn ei wisgo o'i chanol i lawr *sgert bert*

sgrin peth sy'n dangos lluniau *sgrin deledu*

sgwâr siâp â phedair ochr syth i gyd o'r un hyd *sgwâr perffaith*

siarc pysgodyn â dannedd mawr sy'n byw yn y môr *siarc glas*

sied adeilad y tu allan i'r tŷ i gadw pethau ynddo *sied bren*

siglen sedd ar raffau i siglo yn ôl ac ymlaen arni *siglen lwyd*

silff darn cul, fflat o bren i ddal pethau *silff bren*

simnai piben dal o fewn wal tŷ sy'n mynd â'r mwg o'r tân *simnai lydan*

sinc peth mawr â thapiau ar gyfer golchi pethau *sinc glân*

siocled bwyd melys wedi'i wneud o goco a siwgr *siocled brown*

siop lle mae pobl yn mynd i brynu pethau *siop ddillad*

siswrn peth â dau ddarn miniog i dorri pethau *siswrn miniog*

sosban peth wedi'i wneud o fetel i goginio bwyd ar wres *sosban fawr*

staer grisiau mewn adeilad *staer bren*

stôl¹ cadair *stôl galed*

stôl² cadair fach heb gefn *stôl bren*

a
b
c
ch
d
dd
e
f
ff
g
ng
h
i
j
l
ll
m
n
o
p
ph
r
rh
s
t
th
u
w
y

stori hanes rhywbeth sydd wedi digwydd *stori ddoniol*

stryd heol a thai ac adeiladau bob ochr iddi *stryd fawr*

sudd y peth gwlyb tu mewn i ffrwythau a llysiau *sudd oren*

sych gair i ddisgrifio rhywbeth sydd ddim yn wlyb *tywydd sych; cacen sych*

syrcas sioe fawr gydag anifeiliaid, acrobatiaid a chlowniau *syrcas liwgar*

t

tad dyn sydd â phlentyn *tad caredig*

tad-cu tad eich tad neu eich mam; taid *tad-cu hapus*

tafod y darn hir, pinc o'ch corff yr ydych yn ei ddefnyddio i lyfu pethau *tafod pinc*

taid tad eich tad neu eich mam; tad-cu *taid annwyl*

tal gair i ddisgrifio rhywun neu rywbeth sy'n mesur yn fwy nag arfer o'i ben i'w waelod *dyn tal; menyw dal*

a
b
c
ch
d
dd
e
f
ff
g
ng
h
i
j
l
ll
m
n
o
p
ph
r
rh
s
t
th
u
w
y

tân fflamau a gwres rhywbeth sy'n llosgi *tân glo*

tap peth sy'n agor a chau i roi dŵr i chi *tap dŵr oer*

taran y sŵn mawr sy'n digwydd mewn storm *taran fawr*

tarten bwyd melys yn cynnwys jam neu ffrwythau *tarten felys*

taten peth crwn, sy'n tyfu yn y ddaear ac sy'n gwneud bwyd fel sglodion *taten galed*

tarw buwch wryw; tad llo *tarw cryf*

te[1] diod boeth o ddŵr berw a dail sych *te poeth*

te[2] pryd o fwyd sy'n cael ei fwyta yn y prynhawn *te prynhawn*

tebot pot arbennig i wneud te ynddo *tebot melyn*

tegan peth i chwarae ag ef *tegan meddal*

a b c ch d dd e f ff g ng h i j l ll m n o p ph r rh s **t** th u w y

tegell peth i ferwi dŵr ynddo
tegell gwyrdd

tei darn hir o ddefnydd sy'n cael ei wisgo dan goler crys
tei liwgar

teigr cath fawr wyllt â chot o streipiau melyn a du
teigr du ac oren

teisen bwyd blasus, melys; cacen *teisen ben blwydd*

teledu peth yr ydych yn eistedd o'i flaen ac yn ei wylio yn y tŷ *teledu lliw*

telyn offeryn cerdd siâp triongl mawr
telyn fawr

tenau gair i ddisgrifio rhywun neu rywbeth sydd ddim yn dew
gŵr tenau; gwraig denau

tew¹ gair i ddisgrifio rhywun neu rywbeth sy'n fawr o un ochr i'r llall
dyn tew; menyw dew

tew² rhywbeth anodd gweld drwyddo *niwl tew; blanced dew*

to top tŷ *to coch*

a
b
c
ch
d
dd
e
f
ff
g
ng
h
i
j
l
ll
m
n
o
p
ph
r
rh
s
t
th
u
w
y

tomato ffrwyth crwn, coch, y gallwch ei fwyta heb ei goginio *tomato coch*

ton llinell o ddŵr sy'n symud ar wyneb y môr *ton fawr*

torth bara ar ôl iddo gael ei bobi *torth galed*

tractor peiriant fferm i dynnu llwythi trwm *tractor coch*

traeth y tywod ar lan y môr *traeth llydan*

trên peiriant sy'n teithio ar hyd rheilffordd *trên cyflym*

trist rhywbeth sy'n gwneud i chi deimlo fel llefain *hanes trist; stori drist*

troed y rhan o'ch corff yr ydych yn sefyll arni *troed ryfedd*

trwm gair i ddisgrifio rhywun neu rywbeth sy'n pwyso llawer *bag trwm; sosban drom*

trwyn y rhan o'ch wyneb sy'n cael ei defnyddio i anadlu ac arogli
trwyn hir

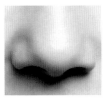

tun[1] can bwyd neu fath o focs wedi'i wneud o fetel
tun cacen

tun[2] metel o liw arian
tun trwm

twlc adeilad i gadw moch
twlc glân

twll lle gwag yn rhywbeth
twll dwfn

twnnel twll hir drwy fynydd neu dan y ddaear *twnnel byr*

twr adeilad tal, cul
twr tal

ty adeilad lle mae pobl yn byw
ty mawr

tylluan aderyn â llygaid mawr sy'n hela anifeiliaid bach yn y nos
tylluan frown

tymheredd pa mor oer neu pa mor boeth yw rhywbeth neu rywun *tymheredd uchel*

tymor un o bedair rhan y flwyddyn, sy'n cynnwys gwanwyn, haf, hydref, gaeaf *tymor hir*

th

theatr rhywle lle mae pobl yn mynd i weld drama *theatr lawn*

thermomedr peth sy'n mesur tymheredd (pa mor oer neu pa mor boeth yw rhywbeth) *thermomedr glas*

u

uchel¹ gair i ddisgrifio rhywbeth sydd yn mynd lan ymhell *mynydd uchel; wal uchel*

uchel² gair i ddisgrifio rhywbeth ymhell o'r ddaear *cwmwl uchel; awyren uchel*

uchel³ gair i ddisgrifio sŵn mawr *llais uchel; taran uchel*

uchel⁴ gair i ddisgrifio sŵn sydd ddim yn isel neu'n ddwfn *nodyn uchel; sgrech uchel*

a
b
c
ch
d
dd
e
f
ff
g
ng
h
i
j
l
ll
m
n
o
p
ph
r
rh
s
t
th
u
w
y

uwd bwyd brecwast wedi'i wneud o laeth twym a blawd ceirch *uwd cynnes*

wyneb rhan flaen eich pen *wyneb glân*

W

wal ochr ystafell; mur *wal lwyd*

watsh cloc bach i'w wisgo am eich arddwrn *watsh ryfedd*

wiwer edrychwch dan 'gwiwer'

wy peth mae aderyn yn ei ddodwy *wy brown*

y

ymbarél peth sy'n eich cadw chi'n sych yn y glaw *ymbarél lliwgar*

ysbryd siâp mae pobl yn credu eu bod wedi'i weld o rywun sydd wedi marw *ysbryd caredig*

ysbyty adeilad lle mae doctoriaid a nyrsys yn gofalu am bobl sy'n sâl *ysbyty mawr*

ysgafn gair i ddisgrifio rhywun neu rywbeth hawdd ei godi *llyfr ysgafn; pluen ysgafn*

a
b
c
ch
d
dd
e
f
ff
g
ng
h
i
j
l
ll
m
n
o
p
ph
r
rh
s
t
th
u
w
y

ysgol[1] lle mae plant yn mynd i ddysgu
ysgol fach

ysgol[2] dau bolyn hir gyda bariau byr rhyngddyn nhw i chi ddringo
ysgol bren

ysgwydd y rhan o'ch corff rhwng eich gwddf a'ch braich
ysgwydd lydan

ystafell lle â waliau o'i gwmpas y tu fewn i adeilad
ystafell lân

ystafell fyw ystafell mewn tŷ sy'n cael ei defnyddio gan bawb bob dydd
ystafell fyw lawn

ystafell wely ystafell i gysgu ynddi
ystafell wely bert

ystafell ymolchi ystafell gyda bath neu gawod, toiled a basn ymolchi
ystafell ymolchi gynnes

ystlum anifail sy'n debyg i lygoden fach ag adenydd sy'n hedfan yn y nos
ystlum ifanc

a
b
c
ch
d
dd
e
f
ff
g
ng
h
i
j
l
ll
m
n
o
p
ph
r
rh
s
t
th
u
w
y

Cydnabyddiaeth

Hawlfraint lluniau Shutterstock.com os na nodir yn wahanol.
†1 photka; †3 Warren Goldswain; †5 Michael C. Gray; †8 Velychko; †9 michaeljung/Picsfive; aderyn V.Borisov; afal Vaclav Volrab; afon David Hughes; agos Andrew Roland; angel kerstiny; anghenfil Alexandra Petruk; angor Igor Chernomorchenko; alarch Kamenetskiy Konstantin; allwedd Marland and Marsden; ambiwlans Mark Hobbs; amlen Nils Z; amser stockyimages; anifail Aaron Amat; anniben Jessmine; annwyd MANDY GODBEHEAR; annwyl BlueOrange Studio; anodd Kasza; anrheg pogonici; aradr Anatoliy Kosolapov; araf Mallinka1; arian Asaf Eliason; arth Eric Isselee; asgwrn Alaettin YILDIRIM; athrawes AVAVA; athro Kzenon; aur Lisa S.; awr Gyvafoto; awyren MO_SES Premium; babi Oksana Kuzmina; bach mast3r; bachgen michaeljung; bag OZaiachin; balwn Chones; banana Julian Rovagnati; bara Serg64; barcud photka; basged monticello; bat Sean Gladwell; bath AGITA LEIMANE; baw Alexander Dvorak; bawd Z-art; beic Dudarev Mikhail; belt Elnur; bin Paul Matthew Photography; blaidd Holly Kuchera; blanced Africa Studio; blawd Seregam; kiboka; bloc Laborant; blodyn Stephen B. Goodwin; bocs Vladimir Jotov; boch Ilya Andriyanov; bol: bola Andriy BONDAREV; botwm Preto Perola; braich Ramona Heim; brân Eric Isselee; brawd Alan Bailey; brecwast Lisovskaya Natalia; brechdan Jiri Hera; broga Hintau Aliaksei; brown Marland and Marsden; brwsh Seregam; buwch smereka; buwch goch gota Yellowj; bwced Andrey Eremin; bwrdd¹ Mayovskyy Andrew; bwrdd² Narongsak Yaisumlee; bws Mark Hobbs; bwyd cherries; byr Velychko; bys Moving Moment; cacen Ljupco Smokovski; cadair vichie81; cadno Menno Schaefer; cae 1000 Words; caffi Gomer; caled Kletr; camel David Steele; camera jocic; cannwyll Timmary; canŵ Philip Pilosian; cap Lukas Pobuda; car C Picthall; carafán lidian; caredig Leremy; carped Pincasso; carreg nulinukas; cas¹ emojoez; cas² Carlos Yudica; castell Matthew Dixon; cath gillmar; cawod Michael C. Gray; cawr Tom Wang; caws Galayko Sergey; cefn¹ krungchingpixs; cefn² michaeljung; cefnder Warren Goldswain; ceffyl Lenkadan; ceg Pressmaster; cegin gameanna; ceiniog Marland and Marsden; cenhinen ci Eric Isselee; cinio Joe Gough; cleddyf Marland and Marsden; cloc Lucie Lang; cloc zayats-and-zayats; cloch xpixel; clorian stockphoto mania; clown Helder Almeida; clust Syda Productions; clustog Karkas; clwyd EMJAY SMITH; cneuen Dionisvera; coch Marland and Marsden; coes¹ Sergiy Bykhunenko; coes² MARGRIT HIRSCH; corff Michael C. Gray; cornel Tom Penpark; corryn mradlgruber; cortyn Madlen; cot Karkas; cragen mexriv; craig Erni; cranc sunsetman; crempog Melica; crib You Touch Pix of EuToch; crocodeil John Kasawa; croes Marland and Marsden; crud koya979; crwban PardoY; cryf¹ Flashon Studio; cryf² Neale Cousland; crys ludmilafoto; cwch Nadezhda Bolotina; cwmwl Olga Altunina; cwningen JIANG HONGYAN; cwpan Natalia Mylova; cwpwrdd C. Kurt Holter; cwpanaid Danny Smythe; cwt¹ Damien Richard; cwt² Eric Isselee; cwt³ Melianiaka Kanstantsin; cyflym Peter Bernik; cyfnither Terrie L. Zeller; cyfrifiadur Dmitry Lobanov; cylch Marland and Marsden; cyllell AlenKadr; cynnes AlenKadr; cyntaf Monkey Business Images; cyw Steshkin Yevgeniy; chwaer BlueOrange Studio; chwiban Margoe Edwards; chwirligwgan John Black; chwyddwydr Vitaly Korovin; da s_oleg; daear¹ MarcelClemens; daear² badudalf Marcin Sylwia Ciesielski; dant musicman; deilen Yuriy Boyko; deintydd CandyBox Images; desg Fvotboa; dinosor Jean-Michel Girard; diod TigerForce; distaw Thomas M Perkins; doctor Minerva Studio; dol: doli bat-2; doniol sam100; draenog Daniel Rajszczak; draig Jim Gordon; drwg Karramba Production; drws Phaitoon Sutunyawatchai; drych Atiketta Sangasaeng; du Marland and Marsden; dŵr Casper1774 Studio; dyn wong yu liang; ebol Nicole Ciscato; eglwys Baobaby Studio; eira Virunja; eisteddfod Glyn Evans; Photo Library Wales; eliffant Villiers Steyn; enfys Daniel Schreiber; esgid gorbelabda; ewythr Stanislav Komogorov; fan Rob Wilson; ficer picture5479; ffair Billy Stock; Photo Library Wales; ffatri Dmitry Kalinovsky; ffedog OZaiachin; ffenestr Mrsiraphol; ffens inxti; fferm David Williams; Photo Library Wales; ffilm Matthew Cole/Peter Zurek; ffôn Umberto Shtanzman; fforc Tribalium; ffrog Mitrofanova; ffrwyth ntstudio; ffwrn Fabio Freitas e Silva; gaeaf Silberkorn; gafr Eric Isselee; gardd Artens; garej¹ karamysh; garej² Mallinka1/unknown; gât Steve Lovegrove; gêm Emiese; glân Africa Studio; glan y môr Dmitry_Tsvetkov; glas Marland and Marsden; glaw Ciolanescu; glo Noraluca013; glud Feng Yu/Charles Brutlag; gofodwr stockphoto mania; golau¹ Gelpi JM; golau² Johnny Adolphson; gorila Erik Zandboer; gorsaf¹ bytedust/unavailable; gorsaf² Iryna Rasko; gwaed Dmitry Lobanov; gwag Tom Penpark; gwair¹ antpkr; gwair² Africa Studio; gwallt Gelpi JM; gwan Sarawut Padungkwan; gwanwyn Phaitoon Sutunyawatchai; gwddf Valua Vitaly; gwefus Ilya Andriyanov; gwely¹ sagir; gwely² Myrmidon; gwên Tatyana Vyc; gwenynen D. Kucharski K. Kucharska; gwisg nofio Ruslan Kudrin; gwiwer John L Richbourg; gwlyb¹ altanaka; gwlyb² joyfull; gwn Kletr; gwn nos Venus Angel; gŵr¹ Rido; gŵr² auremar; gwrach kaczor58; gwraig¹ Warren Goldswain; gwraig² Andresr; gwydr GoodMood Photo; gwylan Florian Andronache; gwyn Marland and Marsden; gwynt behindlens; gwyrdd Marland and Marsden; gyrrwr Leremy; haf Artens; halen Deyan Georgiev; hapus YanLev; hardd Monika Gniot; haul Domin Worden; hen¹ Darren Hedges; hen² Diego Cervo; het Nuttapong; hir¹ Gemenacom; hir² Marland and Marsden; hoelen Nikita G. Sidorov; hofrennydd Phovoir; hosan Pakhnyushcha; hufen iâ M. Unal Ozmen; hwyaden LianeM; hydref Taiga; hyll Eric Isselee; iâr FomaA; iâr fach yr haf Peter Picthall; iard Malgorzata Kistryn; ifanc gorillaimages; iglw Michel Cecconi; injan dân Mark Hobbs; iogwrt Berents; jac codi baw asharkyu; jam Sally Scott; jeli ATU Studio; jigso haveseen; jiráff E. O.; lamp cosma; lastig design56; lawnt 1000 Words; lein ddillad anyaivanova; lemwn svetok30; lili ddŵr BOONCHUAY PROMJIAM; lili wen fach Vladyslav Danilin;

lorri Dmitry Kalinovsky; llaeth Melica; llaw Butterfly Hunter; llawn Andrey_Popov; llawr David Hughes; llefrith donatas1205; llethr sgio dotshock; lleuad Klagyivik Viktor; llew moizhusein; llif koya979; llithren MaszaS; lliw Mahesh Patil; lliwgar jurra8; llofft¹ Lorraine Kourafas; llofft² Tr1sha; llong Gary Blakeley; llun simmax; llwy kritskaya; llwybr Jon Bilous; llwyd Marland and Marsden; llwyn Divergenta; llwynog Menno Schaefer; llydan Valua Vitaly; llyfr Gomer; llygad Stephanie Frey; llygad y dydd Gunnar Pippel; llygoden Szasz-Fabian Jozsef; llyn Max Topchii; llythyr Marland and Marsden; mab Kichigin; maes¹ Edler von Rabenstein; maes² IZO; malwoden pio3; mam hartphotography; mam-gu Mat Hayward; maneg chinahbzyg; mat Venus Angel; matsien DenisNata; mawr glenda; meddal Danin Tulic; meddyg Minerva Studio; mêl Julio Embun; melyn Marland and Marsden; melys wong yu liang; mellten AC Rider; menyn Diana Taliun; menyw kurhan; merch¹ Max Topchii; merch² BlueOrange Studio; mochyn hfuchs; modrwy Skylines; modryb imagedb.com; moddion Markus Mainka; môr Zhukov; morfil Joost van Uffelen; mwd Valery Shanin; mwg hxdbzxy; mwnci Ammit Jack; mwydyn Steshkin Yevgeniy; mynydd elxeneize; Nadolig Ermolaev Alexander; nai Ana Blazic Pavlovic; nain Olesia Bilkei; neidr Marek R. Swadzba; neuadd Peter Trimming, geograph.org.uk; newydd¹ Pavel L Photo and Video; newydd² Monkey Business Images; nith Syda Productions; niwl Markus Gann; nos Shukaylova Zinaida; nyth Alena Brozova; octopws Fred Bavendam/Minden Pictures/FLPA; oen patjo; oer ollyy; olwyn Sombat Muycheen; oren¹ Maks Narodenko; oren² Marland and Marsden; organ Vereshchagin Dmitry; pabell K. Miri Photography; paent Anteromite; pafin HUANSHENG XU; palas Flamingolady; panda hironai; papur Marland and Marsden; parc Ekaterina Pokrovsky; parsel Christopher Elwell; parti Olesya Feketa; past danned Leah-Anne Thompson; peiriant Shell114; pêl John Kasawa; pêl-droed Monkey Business Images; pen¹ djem; pen² bikeriderlondon; pen blwydd Monkey Business Images; pen-glin Dimedrol68; pengwin mitchii; pensil Garsya; pert Fortish; piano Maksym Bondarchuk; piben PhotoSky; pig Erni; pinc Marland and Marsden; plât urfin; plentyn¹ Nadezhda1906; plentyn² YanLev; plisgyn Danny Smythe; plismon Leremy; plismones Leremy; pluen¹ Alekcey; pluen² Kichigin; poeth Elina Manninen; polyn Stephen Meese; pont Len Green; porfa Sunny Forest; postmon Leremy; potel Winston Link; porffor Marland and Marsden; pren smereka; pren mesur mihalec; priodas oliveromg; pryf copyn Eric Isselee; prynhawn Monkey Business Images; pwll Marso; pyped¹ Artography; pyped² Africa Studio; pysgodyn Jovana Milanko; ras bikeriderlondon; reis oriori; robin goch Jozef Sowa; roced¹ Renata Apanaviciene; roced² siminitzki; rygbi Andrew Orchard, Photo Library Wales; rysáit LiliGraphie; rhaff Iris_Smiles; rhaw RTimages; rheilffordd LU HUANFENG; rhew Evlakhov Valeriy; rhewgell S_E; rhosyn topseller/Vasina Natalia; rhuban edelweiss7227; rhwyd FooTToo; rhwydd Ilike; rhyfedd IvanNikulin; sach DrObjektitf; salad bitt24; sbectol suradech sribuanoy; sbwng MAHATHIR MOHD YASIN; sbwriel Ralf Maassen (DTEurope); sebon Michael Kraus; sebra Mogens Trolle; seren¹ SurangaSL; seren² Tom Jones Media; sgarff Adisa; sgert Karkas; sgrin Ozaiachin/ neelsky; sgwâr Marland and Marsden; siarc Shane Gross; sied Nicole Gordine; siglen Anna-Mari West; silff graphixmania; simnai stocksolutions; sinc yampi; siocled Valentina_G; siop JNP; siswrn MNI; sosban Evgeny Karandaev; staer Blinka; stôl¹ Just2shutter; stôl² Vladislav Gajic; stori Olesya Feketa; stryd Dave McAleavy; sudd nexus 7; sych Patryk Kosmider; syrcas Lorelyn Medina; tad Pressmaster; tad-cu Monkey Business Images; tafod Roxana Gonzalez; taid Martin Novak; tal Leremy; tân gashgeron; tap Kurt Bain; taran Marafona; tarten Tobik; taten Joe Gough; tarw Roger Hall; te¹ Africa Studio; te² unknown; tebot turtix; tegan TZIDO SUN; tegell Morphy Richards'; tei studioVin; teigr neelsky; teisen joingate; teledu Andrey_Popov; telyn Dmitry Skutin; tenau Leremy; tew¹ Leremy; tew² aperturesound; tews Atlaspix; tomato Bozena Fulawka; ton EpicStockMedia; torth maxim ibragimov; tractor Bjorn Heller; traeth Tony Brindley; trên Peter R Foster IDMA; trist Kochneva Tetyana; troed LeventeGyori; trwm Michael C. Gray; trwyn Ilya Andriyanov; tun¹ Africa Studio; tun² NataLT; twlc C. Gunzi; twll Skowronek; twnnel David B. Petersen; twr ShaunWilkinson; tŷ VoodooDot; tylluan Tobyphotos; tymheredd reporter; tymor GoodMood Photo; theatr Tim Dobbs; thermomedr Lipskiy; uchel¹ Hung Chung Chih; uchel² IM_photo; uchel³ uchel⁴ courtyardpix; uwd MaraZe; wal marilyn barbone; watsh Nikuwka; wiwer Erni; wy Evgeny Karandaev; wyneb Pete Pahham; ymbarél Elnur; ysbryd elenafoxly; ysbyty spotmatik; ysgafn ifong; ysgol² phipatbig; ysgol³ venimos; ysgwydd visionaryft; ystafell robinimages2013; ystafell fyw Paul Maguire; ystafell wely Artazum and Iriana Shiyan; ystafell ymolchi Artazum and Iriana Shiyan; ystlum Ivan Kuzmin

Mae'r lluniau ar y clawr yn ymddangos yn y gyfrol hefyd a nodir deiliaid yr hawlfraint uchod.

Gwnaed pob ymdrech i sicrhau cywirdeb y wybodaeth a gynhwysir yn y gyfrol hon ac i nodi enwau deiliaid yr hawlfraint yn gywir. Dymuna'r cyhoeddwyr ymddiheuro am unrhyw gam anfwriadol a wnaed gan sicrhau y gwneir yn iawn am hynny yn adargraffiad nesaf y gyfrol.

Cydnabyddir cyfraniad gwerthfawr cwmni dylunio Marland and Marsden Ltd:

Topograffeg a chynllun Chez Picthall
Ymchwil lluniau a gwaith golygu i Marland and Marsden Christian Gunzi